COMO IMPLEMENTAR O COACHING COMERCIAL B2B

Aumentando as Vendas e Desenvolvendo a Equipe

Osvaldo Pereira Silva

1a Edição   Publicação Independente

Copyright © 2024 Osvaldo Pereira Silva

Todos os direitos reservados a Osvaldo Pereira Silva.

Todas as situações descritas são fictícias. Qualquer familiaridade com situações reais, ou pessoas vivas ou mortas, é mera coincidência e sem intenção por parte do autor.

Nenhuma parte desse livro pode ser reproduzida ou copiada sem a expressa, e por escrito, autorização do autor.

ISBN: 9798343962857
Selo editorial: Publicação Independente

Design da Capa: Osvaldo Pereira Silva

Dedicatória

Esse livro é dedicado aos meus professores, colegas de trabalho, gerentes e a aos líderes executivos que compartilharam comigo suas valiosas experiências, momentos de conquistas e frustações.

CONTENTS

Title Page

Copyright

Dedication

Prefácio

POR QUE INVESTIR EM COACHING PARA A MELHORIA DE DESEMPENHO	1
COMO PLANEJAR A CONVERSA DE COACHING COMERCIAL	5
COMO CONDUZIR A CONVERSA DE COACHING COMERCIAL	8
COMO APLICAR A CONVERSA ESTRUTURA DE COACHING	11
COMO REGISTRAR A CONVERSA ESTURURA DE COACHING PARA MELHORIA DO DESEMPENHO COMERCIAL	14
COMO CONTINUAR O SEU DESENVOLVIMENTO	15
DE VOLTA A REALIDADE	17
sobre o autor	19

PREFÁCIO

Prezado leitor,

Esse livro explora o tema do Coaching Comercial voltada para melhorar o desempenho das Equipes B2B. O tema foi separado em capítulos para facilitar a aprendizagem e a aplicação.

O livro se destina principalmente a profissionais que atuam, ou desejam atuar, na área comercial ou de marketing nos diversos segmentos do mercado B2B – onde existe uma venda de uma empresa para outra empresa, e não, para um consumidor final (mercado B2C).

O livro pode ser lido na sua sequência ou de acordo com a área mais urgente para o leitor no momento da leitura e foi escrito com linguagem coloquial.

Serão abordados temas comerciais B2B como: o que é o Coaching, as diferenças para o Feedback, como planejar e como conduzir uma conversa de Coaching, como dar feedback dentro de uma conversa de Coaching, como registrar a conversa de forma a ter um plano claro de ação.

Em cada capítulo são listados os principais desafios e oportunidades que a área em questão apresenta, e são descritas soluções que podem ser aplicadas tanto para reduzir os riscos (desafios), como para capturar as oportunidades.

Os profissionais comerciais B2B iniciantes, os supervisores ou gerentes B2B, assim como, os líderes seniores podem ler o livro e aproveitar as ideias que irão beneficiar a sua jornada como profissionais de B2B.

O objetivo deste livro é apoiar os profissionais B2B a acelerarem o crescimento e amentarem a rentabilidade de seus negócios B2B.

O livro procura ajudar esses profissionais a lidarem melhor com os desafios e oportunidades, geradas pelas mudanças no mercado, pelo tournover na equipe, pelas ações dos competidores, dos consumidores, e pela evolução da própria empresa, no que se refere as suas próprias forças e fraquezas.

Boa leitura e sucesso em suas negociações comerciais B2B.

POR QUE INVESTIR EM COACHING PARA A MELHORIA DE DESEMPENHO

Para alcançar a excelência no processo de gestão comercial B2B, é fundamental ter uma Equipe comercial que demonstre de forma consistente um desempenho de excelência. Não basta ter uma Marca forte, ter recursos financeiros, sistemas modernos e produtos que geram valor para os Clientes. Possuir uma Equipe comercial que opere com excelência é condição fundamental para que o processo de gestão comercial também opere com excelência.

Por isso, o tema do Coaching para a melhoria do desempenho comercial das Equipe B2B é o tema desse livro.

Muitas vezes as empresas que realizam vendas para outras empresas (vendas B2B), relatam enfrentar alguns desafios com relação a forma como os seus supervisores comerciais e gerentes comerciais realizam o apoio-suporte, ou melhor, o Coaching de seus times comerciais.

Estamos falando do tempo investido pelos supervisores e gerentes em conversas de alto impacto com os consultores comerciais, assessores comerciais e gerentes de contas (*Key Account Managers* - KAM) que estão na linha de frente em uma Equipe comercial.

Alguns exemplos de desafios enfrentados pelas Equipes:

- Falta de tempo para orientar, dar apoio e suporte através de uma conversa de Coaching para melhorar o Desempenho Comercial

B2B.

- Foco limitado. A relação tende a se concentrar no feedback simples (faça isso, não faça mais aquilo, eu gostei disso, eu não gostei daquilo).

- Priorização. A falta de tempo pode ser real ou percebida e resultado de uma combinação de fatores.

- Falta de hábito por parte dos gerentes e supervisores de conversar sobre o COMO atingir as Metas.

- A Metas podem estar claras e desafiadoras, mas os gerentes e supervisores não são encorajados, a conversar sobre o COMO atingí-las com suas Equipes.

- Falta de prática ou experiência. Caso os gerentes ou supervisores estejam gerenciando Equipes Comerciais B2B pela primeira vez, e não se sintam confortáveis e preparados para ter conversas de Coaching.

- Pode haver falta de motivação também.

Existem perguntas simples e poderosas que podem ajudar muito a melhorar a preparação para a visita, para a negociação e contribuir para gerar melhores resultados financeiros, de aprendizagem e de satisfação profissional.

Como seria bom manter os talentos da Equipe motivados e retê-los!

O Coaching para melhoria do Desempenho pode ajudar a atingir essa Meta para Pessoas (reter e desenvolver os talentos) que é muito importante para as empresas que operam no mercado B2B.

O investimento em Coaching para a melhoria do Desempenho, trará uma melhoria no nível de energia e motivação da Equipe Comercial B2B, e possibilitará que a sua empresa realize o potencial de crescimento que você almeja.

Alguns desafios que o Coaching para melhoria do Desempenho irá ajudar a superar.

- Desafio 1: como conduzir a conversa de forma prática e efetiva
- Desafio 2: como ajudar profissionais de alto desempenho
- Desafio 3: como conduzir uma conversa com foco em fechar mais negócios & mais rapidamente
- Desafio 4: como registrar o conteúdo da conversa de forma a ter uma referência para futuras interações.

OSVALDO PEREIRA SILVA

COMO PLANEJAR A CONVERSA DE COACHING COMERCIAL

Considere as seguintes boas práticas de acordo com o tamanho da sua Equipe, ambição de crescimento e setor de mercado.

- Planeje a conversa com antecedência de 2 semanas.

- Desliguem os telefones e os laptops para evitar interrupções.

- Utilize a primeira sessão para alinhar, entender, ouvir e acordar os objetivos das próximas sessões, a frequência e papéis e responsabilidades suas e do seu funcionário.

- Utilize uma agenda padrão e um formulário para conduzir a conversa e registrar os pontos acordados. Isso irá gerar maior produtividade e evitará retrabalho e erros.

- Use perguntas abertas – o que, como, quando, quem conduzir a discussão

- <u>O indivíduo deve falar a maior parte da conversa</u> – seu papel é ajudá-lo a encontrar a(s) solução(soluções)

- Garanta que os dados que estão sendo revisados sejam precisos e atualizados

- Desafie o indivíduo – pergunte : "O que o impede de fazer isso?" "Quando você vai começar?"

- Busque mais informações – "Diga-me mais..."

- Deve haver ações/cronogramas acordados que o indivíduo tomará como resultado dessa discussão.

– Peça ao funcionário para <u>que resuma as ações acordadas e as datas e prazos de finalização.</u>

- Ao encerrar a sessão, pergunte: "Como ele(a) se sente sobre a sessão ? Em que ela gerou valor? Por que?"

Os objetivos da conversa de coaching comercial são aumentar a qualidade das reuniões externas com Clientes, que as reuniões tenham o foco apropriado e a melhorar a qualidade das reuniões com os Clientes.

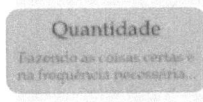 

O foco da conversa deve ser em melhorar os resultados.

Fazer as coisas certas, na hora certa, na direção certa, na frequência certa.

Vejamos como fazer.

COMO CONDUZIR A CONVERSA DE COACHING COMERCIAL

Perguntas e Abordagens

- Vamos olhar para os seus clientes atuais, quais clientes estão mais em risco este ano?
- Me fale mais?
- Qual seria o impacto se o cliente "ZZ" fosse perdido?
- O que você pode fazer para evitar essa perda?
- Me fale mais?
- Vejamos as oportunidades que você identificou para este ano?
- Se ganhasse todas, como seria o resultado do ano versus o plano de negócios? Em uma escala de 1 a 10, com 1 sendo baixo e 10 alto, quão confiante você está em ganhar essas oportunidades/alcançar o plano?
- O que você pode fazer para aumentar seus níveis de confiança?
- O que mais você pode fazer? (oferecer sugestões, se necessário)
- O que o impede de fazer isso?

- Qual é o senso de urgência em fazer isso? Como isso vai te beneficiar?
- Como e até quando você fará isso?
- Em quais oportunidades você está trabalhando neste

- mês/trimestre? Qual é o mais importante/valiosa?
- De que apoio você precisa?
- Vejamos agora a sua "Taxa de Fechamento de Negócios"
- Eu vejo que sua atual "Taxa de Fechamento" é x% - como você se sente sobre isso?
- Como pode melhorá-la? Qual a primeira coisa você faria? Por quê? Pode dar um exemplo?
- Quais são alguns dos desafios mais comuns que você enfrenta ao fechar negócios?
- Você consegue se lembrar de um sucesso recente que você gostou? Quais foram as ações que você tomou que ajudaram a ganhar o negócio?

- O que você pode aprender com isso para ajudá-lo agora?
- O que você viu outras pessoas fazendo que foi bem-sucedido que você poderia considerar fazer?
- Se houvesse algo que pudéssemos melhorar na sua abordagem e habilidades, o que seria? Refletindo sobre suas próprias habilidades (relacionamento, negociação, conhecimento técnico, acesso aos tomadores de decisão, venda de valor, etc),
- Como você poderia fazer isso? Quando você pode começar?
- Como posso apoiá-lo daqui para frente para ajudá-lo a

ganhar mais negócios?

Uma pequena lembrança para não nos esquecermos: coaching não é feedback!

Exemplos do que falamos quando damos feedback.
- Eu não gostei disso.
- Não quero ver você fazendo mais isso.

O Feedback é importante e válido, mas não é disso que estamos falando.

A aplicação da conversa estruturada <u>não é simplesmente dar Feedback.</u>

COMO APLICAR A CONVERSA ESTRUTURA DE COACHING

PARA INTERVIR EM COMPORTAMENTOS E ATITUDES QUE DEVEM SER MUDADAS

- Explique a situação observada
- Explique sua observação: comportamento, impacto e consequência
- Pergunte sobre o ponto de vista do funcionário
- Combine o que será feito, quando e resultados esperados

Esse é o guia com mais detalhes de como realizar a conversa de Coaching Comercial incluindo sua visão (seus inputs) do que deve ser mudado e melhorado.

1) Defina a situação observada: Por que você está tendo essa conversa/como isso se conecta com os objetivos, metas ou valores da área de negócio?

2) Explique sua visão: Comportamento: Qual(is)

comportamento(s) você observou? Impacto: como esse comportamento impactou o negócio e/ou as pessoas?

3)Consequência: o que acontece em decorrência do comportamento observado?

4) Explore o ponto de vista de outra pessoa:

-Faça perguntas abertas como: "Como a minha visão soa para você?" Ou "O que você acha desse input? "

5) Determine as etapas da ação e o resultado: Pergunte ao funcionário o que ele gostaria de fazer como resultado do input recebido.

6) Discuta e alinhe algum suporte que o funcionário possa precisar para implementar o input recebido.

COMO REGISTRAR A CONVERSA ESTURURA DE COACHING PARA MELHORIA DO DESEMPENHO COMERCIAL

Resuma o que foi discutido.

Registre o que foi acordado

Acorde uma data para revisarem o progresso.

Nome do Funcionário	Data da Visita 1	Qual o objetivo da Conversa de Coaching	O foi observado durante a visita (Positivo, Melhorar e Itens a Melhorar)	O que foi acordado para a próxima visita ? Qual o comportamento ou habilidade a melhorar ?	Data da Visita 2
Cliente 1					
Cliente 2					

COMO CONTINUAR O SEU DESENVOLVIMENTO

- Continue a ler livros.

- Aprenda observando os seus colegas de trabalho, os seus superiores e líderes organizacionais.

- Escreva e utilize a metodologia aprendida nesse material com frequência.

- Considere ler outros materiais do mesmo autor que fazem parte da Academia Comercial B2B.

- Atenda congressos e conferências externas da Indústria onde você trabalha.

- Não espere que o RH ou os líderes da sua empresa vão tomar a iniciativa sobre o seu Desenvolvimento. Assuma o controle e lidere o seu caminho aproveitando a jornada.

- Procure fazer treinamentos online.

- Considere fazer Mentoria para temas específicos e por um tempo determinado (2-5 sessões por tema).

- Estude sobre Negociação B2B, Gestão de Stakeholders, Plano de Contas B2B, Gestão de Pipeline de Vendas B2B, Plano de Visitas B2B, Marketing B2B, Coaching de Vendas B2B.

DE VOLTA A REALIDADE

Seu guia de implementação. Reflita, registre e implemente.

- O que eu aprendi?

- O que vou implementar?

- O que vou implementar primeiro?

- Quando vou implementar?

- Que resultados pretendo e quero alcançar?

- Quem pode me ajudar e apoiar?

SOBRE O AUTOR

Osvaldo Pereira Silva possui vasta experiência na liderança de equipes e gestão de contas estratégicas em mercados B2B nacionais e internacionais. Trabalhou nas áreas comercial como Consultor, Gerente e Diretor. Foi Diretor de marketing, Diretor de área de serviços compartilhados, e Head Global de aprendizagem & treinamento. Trabalhou em 4 países e visitou mais de 30 países a trabalho. Possui formação em gestão Comercial B2B, Marketing B2B, Finanças, Negociação B2B e gestão de processos B2B. Apaixonado por apoiar empresas e executivos a realizarem o seu potencial, implementarem os seus planos, e, a materializarem os seus sonhos.

Contato: osvaldopsilva@growrop.net

Site: www.growrop.net

www.ingramcontent.com/pod-product-compliance
Lightning Source LLC
Chambersburg PA
CBHW031600210526
45464CB00003B/1365